NOTES

ET CONCLUSIONS

POUR

PÉAN FRÈRES ET CIE

CONTRE

T. POWELL.

———◆———

NANTES

IMPRIMERIE WILLIAM BUSSEUIL

Rue Santeuil, n° 8.

——

1860.

Notes et Conclusions

POUR

PÉAN FRÈRES ET CIE

CONTRE

T. POWELL.

MM. Péan se rencontrèrent à Paris avec M. Powell, en 1855, pour y traiter d'une machine à vapeur.

C'était à l'époque de l'exposition universelle.

M. Powell laissa à MM. Péan le choix, soit de leur vendre une machine qu'il avait exposée, soit de leur en faire une semblable dans ses ateliers à Rouen.

MM. Péan préférèrent prendre la machine exposée, qui, vu son état avancé de fabrication, pouvait leur être livrée plus promptement qu'une machine qu'il eut fallu commencer entièrement.

En conséquence, le marché suivant intervint entre les parties :

Les soussignés M. Thomas Powell, ingénieur mécanicien, demeurant à Rouen, et MM. Péan frères, filateurs de chanvre, demeurant à Nantes,

Sont convenus de ce qui suit :

M. Th. Powell vend à MM. Péan :

1° Une machine à vapeur, de la force de 30 chevaux, qui est à l'exposition, avec chaudière, grille, devant de fourneau, soupapes, flotteurs, etc.

Enfin la machine complète avec tous ses accessoires.

Il fournira un monteur à ses frais pour monter la machine et la mettre en bonne marche.

Cette machine ne devra pas consommer plus de 1 kil. 750 par heure et par force de cheval.

Cette vente est faite pour et moyennant la somme de 31,000 fr., payable la moitié à la livraison, et l'autre moitié six mois après.

Il est aussi convenu que M. Powell fournira un piston de rechange pour le petit cylindre, et un pour le condenseur.

2° Une transmission de mouvement avec chaises, poulies, paliers, etc., au prix de 90 c. le kilog.

Les arbres seront en fer forgé de première qualité.

La chaudière devra avoir les dimensions suivantes : les bouilleurs 8 mètres de long sur 60 centimètres de diamètre intérieur, et la chaudière également 8 mètres de longueur sur 1 mètre de diamètre.

Le transport sera à la charge de MM. Péan.

Fait à Paris, le 4 août 1855.

TH. POWEL.   PÉAN FRÈRES.

A l'arrivée des premières pièces de la machine à Nantes, et plus tard, pendant que le montage s'opérait, plusieurs difficultés surgirent entre les parties. Elles furent relatives :

1° A des frais onéreux de transport des pièces venues de Paris ;

2° A un bras de volant fendu ;

3° A la livraison de la pompe à eau ;

4° A un compte de tuyaux en cuivre commandés à Nantes par le monteur de M. Powell chez M. Desdoits ;

5° A des frais de montage réclamés par M. Powell, et contestés par MM. Péan ;

6° A des frais d'emballage ;

7° A diverses fournitures d'objets de forge, faites par MM. Péan pendant le cours du montage ;

8° Enfin, sur l'époque de livraison de la machine, pour servir de base au règlement du compte-courant et d'intérêt.

Dès les premières difficultés, les parties convinrent de s'en rapporter à la décision d'experts amiables, auxquels on fut également d'accord de soumettre un point litigieux, relatif à la garantie donnée par M. Powell sur la durée d'un pignon fourni pour une première machine.

C'est ainsi que, le 7 mars 1856, M. Powell écrivait :

Je viens vous proposer de nommer un arbitre de votre côté, et moi j'en nommerai un du mien... Ainsi, j'attends votre réponse, pour savoir si vous acceptez ma proposition de nommer des arbitres, pour statuer sur le différend qui existe entre nous, et pour tout ce qui pourrait nous diviser à l'avenir.

MM. Péan frères, encore confiants dans le caractère de M. Powell, répondirent :

Nous acceptons votre offre de soumettre à des arbitres les points litigieux entre nous, et, lorsque vous viendrez ici, nous désignerons ces arbitres, auxquels vous pourrez fournir vos explications. Nous avons même l'espoir qu'en nous adressant à vous personnellement, ces arbitres seront inutiles et que vous nous donnerez raison.

Le 5 juin 1857, M Powell était encore dans les mêmes dispositions, puisqu'il écrivait :

Avant de vous envoyer mon arbitre, veuillez m'envoyer toutes les réclamations que vous prétendez avoir à me faire, afin de les expliquer à mon arbitre, pour le mettre au courant de cette affaire.

Les redressements, adressés à M. Powell, il répondait le 22 août 1857 :

Je viens vous donner avis que j'ai nommé pour mon arbitre, pour statuer sur ce qui nous divise, M. Lebourdais, avocat à Nantes.

Le choix que faisait M. Powell, pour son arbitre, d'un avocat, eut lieu de surprendre MM. Péan; ils s'attendaient à le voir nommer un homme compétent, c'est-à-dire un constructeur, mécanicien ou chef d'usine, qu'il connaissait presque tous à Nantes.

Au choix de M. Powell, MM. Péan, de leur côté, durent opposer un homme de loi, et il arriva immédiatement ce qu'ils avaient prévus; c'est que les arbitres, voyant qu'il s'agissait d'appréciations de faits exigeant des connaissances spéciales, déclinèrent le mandat qu'on voulait leur confier, en engageant les parties à s'adresser à des arbitres compétents sur la matière.

Dès à présent, nous devons faire remarquer toute l'insistance que mit M. Powell à repousser la juridiction d'hommes du métier, dont il redoutait sans doute l'opinion, pour suivre la voie plus chanceuse des tribunaux.

Rompant donc ouvertement avec ses engagements antérieurs, M. Powell assigne, sous la date du 23 décembre 1858, MM. Péan au paiement d'une somme de 4,261 fr. 11, avec intérêts à partir du 31 juillet 1857, alors que d'après les comptes remis primitivement par lui il ne réclamait qu'un solde de 3,652 fr.. 92. Et où est donnée cette assignation? Devant le Tribunal de la Seine, loin du domicile de MM. Péan, loin de l'objet litigieux, là où la défense devenait difficile, où les juges ne pouvaient entendre les parties, où le renvoi, même devant un arbitre, devenait sans but, puisqu'à moins de déplacement l'arbitre de Paris n'aurait rien pu vérifier.

La surprise que M. Powell réservait à MM. Péan ne lui réussit pas : le Tribunal de la Seine, par jugement du 25 janvier 1859, se fondant sur ce que *la livraison de la machine* n'avait pas eu lieu à Paris, se déclara incompétent et renvoya les parties devant les juges qui devaient en connaître.

Et en même temps qu'ils faisaient soutenir à Paris la question d'incompétence, MM. Péan assignaient à leur tour M. Powell, devant le Tribunal de Commerce de Nantes, pour voir nommer des arbitres, conformément aux conventions arrêtées.

Devant ce Tribunal, M. Powell continua à repousser la nomination d'experts ; mais contrairement à ses conclusions, le Tribunal, par jugement du 23 juillet 1859, nomma un arbitre rapporteur, chargé d'entendre les parties, de les concilier, et, à défaut, dresser procès-verbal pour être statué sur ce que de droit.

L'arbitre, après avoir étudié l'affaire, avoir examiné la machine, avoir pris des renseignements auprès des principaux constructeurs de la ville, pour les points qui pouvaient lui paraître douteux, après avoir correspondu à ce sujet avec M. Powell, proposa une transaction à laquelle MM. Péan, d'un caractère éminemment pacifique, ennemis de toute contestation, ne firent aucune objection de se soumettre. Ils déclarèrent abandonner leur demande, si M. Powell renonçait à la sienne.

Ces ouvertures de transactions n'eurent pas de succès auprès de M. Powell. En conséquence, le rapport de l'arbitre fut déposé le 2 décembre 1859. Ce rapport, dressé dans un esprit d'amiable composition, concluait à peu près à l'abandon des prétentions mutuelles des deux parties ; il condamnait M. Powell, envers MM. Péan, au paiement d'un solde de 63 fr. 53.

MM. Péan, toujours dans un esprit de paix, et pour éviter la continuation d'une discussion qui durait déjà depuis trop longtemps, déclarèrent accepter les conclusions de ce rapport à titre de transaction.

Mais M. Powel, loin de s'en tenir là, voulut plaider ; il vint lui-même à Nantes, accompagné d'une des sommités du bareau de Rouen, que le Tribunal écouta pendant plusieurs heures. Malheureusement, ignorant qu'on s'occupait d'eux ce jour là au Tribunal de commerce, MM. Péan frères ne purent opposer leurs dénégations aux faits que M. Powel, en personne, avait toute latitude d'affirmer, sans crainte d'être contredit.

MM. Péan croyaient l'affaire assez instruite, et, forts de leur droit, il s'en rapportaient à leurs conclusions antérieures, tendant à la confirmation du rapport de l'arbitre, lors qu'un mémoire de leur adversaire, imprimé et distribué après les plaidoyers, leur fut remis.

Ils ont vu, dans cette pièce, les faits tellement faussés, les allégations les plus contraires à la vérité exposées, dans le but de tromper la religion du Tribunal, que MM. Péan, malgré toute la répugnance qu'ils éprouvent pour continuer une discussion qu'ils croyaient terminée, se trouvent forcés de répondre catégoriquement et avec tous les détails qu'ils comportent, aux faits allégués par M. Powell.

Première machine fournie à MM. Péan, en 1853.

Tout d'abord, nous voyons M. Powel faire intervenir dans le débat la fourniture d'une première machine à vapeur. Cette digression ne peut avoir qu'un but, celui de détourner l'attention des juges du vrai débat, pour tirer de fausses inductions d'un marché *supposé*.

MM. Péan sont donc forcés de suivre MM. Powell sur ce terrain ; on leur permettra donc d'abandonner un instant la vraie discussion pour s'occuper de leur ancienne machine.

Il est vrai que, pendant le séjour que l'un des MM. Péan fit à Rouen, en juillet 1853, M. T. Powell lui présenta à la signature un *projet de traité* qui ne fut pas agréé par lui. La meilleure preuve qu'il ne fut pas agréé c'est que *ce projet n'a pas été signé* ; et l'objection principale que faisaient MM. Péan à la signature de ce projet était qu'ils voulaient *une machine livrée à Nantes* et non pas à Rouen.

C'est en effet à Nantes qu'ils voulaient monter leur établissement, et non ailleurs ; or, une machine n'est pas une marchandise ordinaire, elle ne peut être montée et livrée que là où elle doit fonctionner, et où elle devient un immeuble par destination.

M. Powell vint lui-même voir les lieux, et adhéra au désir de MM. Péan, que la livraison eut lieu à Nantes, les *seuls frais de transport* restant à leur charge. Cette adhésion se trouve relatée par leur lettre du 13 août 1853, *datée de Nantes*.

Il résulte des conventions verbales, que nous avons arrêtées entre nous, que vous vous engagez *à nous livrer*, dans un délai de trois mois à partir du 9 courant, une machine à vapeur de la force de trente chevaux, etc.

Si la condition *de livrer à Nantes* ne résultait pas d'une manière assez précise de ces conventions verbales, il est un moyen bien simple de s'en convaincre entièrement.

Voyons comment elles ont été exécutées. Evidemment leur exécution sera l'expression fidèle de ces conventions, puisque M. Powell se plaît à reconnaître dans son mémoire :

Folio 3. — Qu'elles reçurent leur exécution réciproque sans aucune difficulté.

. .. En 1855, les parties, qui se connaissaient, s'étaient donné des gages non équivoques de leur réciproque loyauté.

Folio 5. — Pas plus que ceux du marché de 1853, les termes de la convention nouvelle ne sont susceptibles d'équivoque ; ils ne peuvent pas l'être, surtout pour les parties qui, de part et d'autre, en *ont fixé le sens en le consacrant par une exécution loyale et réciproque.*

Folio 6. — Et cependant le premier marché parlait aussi de la livraison de la première machine ;..... que c'était à ce moment-là (à la livraison) qu'aurait lieu le paiement fixé à la livraison ; et c'est ainsi que l'ont pensé MM. Péan en *se conformant d'ailleurs avec une irréprochable loyauté à toutes les exigences réciproques de ces conventions.*

On ne peut pas être plus explicite. M. Powell reconnaît que *les premières conventions ont été exécutées loyalement, irréprochablement, sans aucun équivoque.*

Comment l'exécution de ces conventions s'est-elle opérée ?

Le paiement devait avoir lieu par tiers : un tiers en donnant la commande, le second tiers à la livraison de la machine, le troisième tiers trois mois après.

La commande, faite verbalement à Nantes, le 9 août 1853, à M. Powell, il lui fut compté en espèces 9000 fr.

Le 11 octobre, les premières pièces quittent Rouen.

Fin décembre 1853, la machine était arrivée à Nantes; en voici la preuve :

Roueo, le 26 décembre 1853.

Le porteur de la présente est M. William James, le monteur que je vous envoie pour monter votre machine.   POWELL.

A cette époque, la livraison, d'après le système de M. Powell, aurait dû déjà être faite, et le deuxième paiement exigible, puisque non seulement la machine avait quitté Rouen, mais encore elle était arrivée à Nantes.

Cependant il n'en fut rien : la machine se monta à Nantes; elle ne commença à tourner qu'au commencement de mars 1854; la livraison ne fut complète que dans le courant du même mois, et le 30 mars le deuxième paiement fut fait à M. Powell.

Le reçu en est constaté par la lettre suivante :

Roueo, 1er avril 1854.

En réponse à votre honorée du 30 écoulé, je porte au crédit de votre compte 7,000 fr., en deux traites sur le Trésor public.   POWELL.

Remarquons que ce second paiement ne fut que de 7,000 fr., par suite d'un envoi d'ardoises d'environ 2,000 fr., qui avait été fait quelque temps avant à M. Powell.

Quand fut fait le troisième paiement? Environ trois mois après la mise en marche à Nantes, soit le 31 mai 1854, ainsi qu'il résulte de deux obligations remises à M. Powell lui même, le 29 avril, suivant détail que l'on trouvera plus loin.

Que résulte-t-il de ces dates? Que le deuxième paiement n'a été fait qu'après la livraison à Nantes, conformément aux conventions verbales.

Les parties, par l'exécution loyale et réciproque des termes de la convention, en ont donc fixé le sens sans aucun équivoque

Que vient donc alors avancer M. Powell, lorsqu'il dit :

Est-ce que la seconde machine n'est pas mise à leur disposition à Paris, *comme la première à Rouen?* Et si ce fait a suffi pour fixer l'époque du paiement à faire au moment de la livraison de 1853, comment ne produirait-il pas le même effet en 1855.

2

Avec plus de raison que lui, MM. Péan diront : Est-ce que la deuxième machine ne doit pas être *livrée à Nantes*, comme la première l'y avait été? Et si ce fait a suffi pour fixer l'époque du paiement à faire au moment de la livraison de 1853, comment ne produirait-il pas le même effet en 1855?

Ce n'est pas sans une profonde surprise que MM. Péan, à la lecture du Mémoire de M. Powell, l'ont vu affirmer qu'il leur avait fourni la transmission de mouvement nécessaire à cette première machine. De même que M. Powell *supposait* un marché lorsqu'il s'agissait pour lui de démontrer la livraison d'une machine à Rouen, il *invente* aujourd'hui une fable de transmission.

Ecoutons-le :

Folio 3. — Ce premier marché .... ne parle non plus de la *transmission.*

Quant à la *transmission,* elle fut, entre les parties, l'objet de conventions distinctes : M. Powel devait la fournir à raison d'*un franc le kilogramme.*

Il l'a fournie, en effet; et l'ouvrier qui avait opéré le montage de la machine, aux frais du constructeur, fut aussi celui qui monta la transmission ; mais, chose remarquable en présence des prétentions qu'élèvent aujourd'hui MM. Péan, le montage de cette transmission *se fit à leurs frais et sans la moindre réclamation de leur part.*

Folio 7. — En 1853, M. Powell avait aussi *vendu tout le système de transmission.* A-t-on attendu que les dernières pièces en fussent livrées pour payer la fraction échue à la livraison de la machine?

Folio 9. — En 1853, M. Powell fournissait aussi la machine et la *transmission ;* il s'obligeait à monter l'un, il ne s'obligeait pas à monter l'autre. La machine montée, MM. Péan prièrent l'ouvrier monteur de les aider à en organiser la transmission, *ce qui eut lieu.*

Mais le compte des journées du monteur employé à l'installation de la transmission *fût porté au débit de MM. Péan, qui le soldèrent.*

..... Est-ce parce que, en 1853, la transmission était vendue à raison *de 1 fr. le kil. ?*

Folio 16. — On sait déjà qu'en 1853, le montage de la *transmission livrée par M. Powell* s'est effectué par les soins de l'ouvrier qui avait été chargé du montage de la machine ; mais ce qu'on sait aussi, c'est que les journées employées à monter la transmission *ont toutes et sans réclamation été payées par MM. Péan.*

....

Si le raisonnement est bon, la transmission de 1853 *fournie par M. Powell* devait être par lui montée à ses frais.

Folio 17. — ..... N'en résulte-t-il pas....... que si , comme la première fois , le monteur de la machine restait auprès de MM. Péan pour les aider à monter la transmission , comme la première fois aussi , ce serait à leurs frais.

A la lecture du mémoire de M. Powell, ne croirait on pas , en effet, qu'il ait livré une transmission en 1853 ?

Ne croirait-on pas que son monteur l'ait mise en place ; ne croirait-on pas que MM. Péan lui aient payé la transmission à 1 fr. du kil., et de plus encore les journées employées à opérer ce montage ?

Mais que dirait-on, *si rien de pareil n'avait eu lieu,* si cette transmission de 1853 , qui fait la base principale du mémoire de M Powell, sur laquelle il s'appuie pour fonder un échafaudage de prétentions plus singulières les unes que les autres, n'avait jamais été montée ailleurs que dans son imagination ! !

Est-ce volontairement ou involontairement que M. Powel commet une erreur aussi grossière ?

Pendant le cours des premiers débats, pendant l'instruction des faits poursuivie par l'arbitre, pendant les plaidoyers de l'éminent avocat de Rouen, rien de semblable n'avait été soutenu. Comment se fait-il que cette transmission, inventée à plaisir, vienne servir de base à un mémoire d'une modeste apparence, mais rédigé avec beaucoup trop d'art? On le fait paraître après la discussion; il eut pu rester inaperçu pour MM. Péan... et le tour était joué.

C'est sans doute une façon de procéder tout normande, mais qui n'a pas cours en Bretagne.

La fraude découverte, au sujet de tout ce prétendu *système de transmission,* une branche de salut pourrait rester à M Powell, si nous n'entrions pas dans tous les détails. M. Powell est si adroit dans ses démonstrations, qu'il serait capable de faire croire que la transmission, dont il a longuement parlé, ne consiste tout simplement que dans la fourniture qu'il a faite de deux boîtes à murailles, trois engrenages et un bout d'arbre de un mètre de long.

Voici ce qui a donné lieu à cette petite fourniture : la machine de M. Powell ne pouvait donner à la transmission que 119 tours; il fallait arriver à 160, vitesse réclamée par le constructeur des métiers à filer. Un engrenage intermédiaire devint nécessaire : M. Powell, qui était d'abord d'un avis contraire, écrivait le 2 septembre 1353 :

Nous ne pouvons pas arriver à plus de 119 tours par minute, excepté que vous ne mettiez un double mouvement, que je considère comme inutile, parce ce qu'avec la vitesse de 119 tours, vous pouvez facilement FAIRE FAIRE vos poulies en conséquence.

MM. Péan insistèrent pour que le mouvement communiqué à la transmission fut porté à 160 tours; M. Powell y consentit et répondit :

Rouen, 16 septembre 1856.

Inclus vous trouverez un croquis pour faire marcher votre arbre à 160 tours... Veuillez, je vous prie, me dire si vous désirez que je vous fasse vos deux roues, qui se trouvent dans la filature, ou si vous *désirez les faire faire vous-mêmes.*

Sur la demande de MM. Péan, M. Powell fournit les engrenages en question, les boîtes à muraille pour les soutenir, et un bout d'arbre intermédiaire, de telle sorte que la facture totale de toutes les fournitures pour cette première machine fut libellée comme suit :

Rouen, 11 octobre 1853.

Doivent MM. Péan frères, à Nantes, pour les marchandises ci-après livrées.

1853. Octobre, 11. Fourni une machine à vapeur sans chaudière, prix
convenu. . . . . F. 25,000 »
100 briques réfractaires. . . . . 100 »
Caisse et emballage (article déduit). . . . . 100 »
1853. Décembre, 15. Fourni un arbre en fer forgé, et tourné 220 kil. à
1 fr. 50. . . . . F. 330 »
1 boîte à muraille avec 1 palier, kil., 176
1 boîte à muraille, 2 paliers et
boulons. 644
1 roue à mortaise. 581
1 roue fonte tournée et taillée. 278

kil., 1679 à 90 c. 1611 10   1,941 10

1854. Janvier, 11. Fourni une roue droite dentée, 644 kil., à 90 c. 579 60

27,720 70

Voilà où se bornèrent les rapports relatifs à la première machine et à la prétendue transmission.

M. Powell prétendrait-il qu'en parlant de *tout le système de transmission*, il n'a jamais entendu faire allusion qu'aux intermédiaires ci-dessus ? Mais ces intermédiaires ne sont facturés qu'à 90 c. tout posés et mis en place !

L'arbre en fer forgé est à 1 fr. 50 et non 1 fr.

Où sont donc ces frais de montage portés à notre débit, et sur quel compte ? Qu'on le produise.

Et si cette exhumation rétrospective, que M. Powell fait de l'ancienne machiene de MM. Péan, doit être de quelque utilité aujourd'hui, c'est qu'il demeure constaté que les arbres et engrenages intermèdiaires ont été fournis et posés en place *sans aucun frais de montage pour MM. Péan.*

Nous terminerons le sujet de cette transmission par la déclaration suivante, du véritable constructeur qui l'a fournie :

Nantes, le 20 juin 1860.

A MM. Péan frères, à Nantes.

Messieurs ,

Vous m'avez communiqué le mémoire de M. Powell, en ce qui touche la transmission de mouvement établie dans votre usine en 1853-54. Je m'empresse de déclarer qu'il y a une erreur évidente de la part de M. Powell ; sa fourniture se borne, en fait de transmission, à deux boîtes à murailles et trois roues servant d'intermédiaire indispensable entre l'arbre de la machine et la véritable transmission. Je vous ai livré moi-même votre grande transmission au prix de 100 fr. les cent kilog. mise en place ; ma fourniture a dépassé la somme de 11,000 fr., et certes personne n'a mis la main à la pose de cette transmission, à l'exception de mon monteur.

Il faut qu'il y ait confusion dans l'esprit de M. Powell , pour que cet honorable constructeur avance dans son mémoire que cette fourniture vient de sa maison. Au surplus, mes factures que je trouve jointes à votre dossier, peuvent fournir à MM. les juges du Tribunal la preuve matérielle de ce que j'avance.

Veuillez agréer, Messieurs, l'assurance de mes sentiments distingués.

Par procuration de Voruz aîné,

AUG. LAURANT.

Puisque nous sommes sur le chapitre de la première machine, terminons-en avec elle et tout ce qui s'y rapporte.

Le transport aux frais de MM. Péan n'entraînait pas à leur charge les frais d'emballage. La machine, comme nous l'avons démontré, leur étant due toute montée, le constructeur, qui en garantissait toutes les pièces pendant un an, a dû l'expédier en bon état de conditionnement, de manière à ce qu'elle pût être transportée sans danger ; il s'ensuivait que les frais d'emballage devaient rester à son compte. C'est ce qu'il a parfaitement compris : aussi ces frais se trouvent-ils déduits du réglement suivant intervenu avec lui.

Montant de la facture Powell, ci-dessus, adressée à MM. Péan frères, le 22 mars 1854...F. 27,720 70

A déduire :

L'emballage.............F. 100 »
Réduction sur un arbre...... 64 50   F.   164 50

Net à payer.......F. 27,556 20

Paiement effectué comme suit :

F. 9,000 » espèces, le 9 août.
 2,696 20 notre envoi d'ardoises.
 7,000 » notre remise du 30 mars.
 8,700 » notre remise au 31 mai.
  160 » argent compté à son monteur.

F. 27,556 20

On doit donc reconnaître qu'aucun frais d'emballage, pour cette première machine, n'est resté au compte de MM. Péan.

Un dernier point est relatif à la première machine.

Le pignon de commande denté en bois, qui figure à la facture de M. Powell pour une somme de 579 fr. 60, avait été garanti devant durer dix-huit mois à deux ans, et dans quinze mois, il a été usé sept chaussures d'alluchons, c'est-à-dire que ce qui devait durer deux ans, durait deux mois.

Plusieurs changements furent ordonnés par M. Powell, pour corriger ce défaut : les frais furent inutiles. M. Powell neveu vint à Nantes et il reconnut que les dents du volant de la machine n'étaient pas également divisées ; il traça lui-même les corrections à faire pour arriver à une égale division, et le travail fut opéré par MM. Péan pour le compte de M. Powell. Le compte des frais relatifs à cette mauvaise division s'élève à 991 fr. 45.

M. Powell s'opposa d'abord à tenir compte de cette somme.

Mais aujourd'hui il convient dans son mémoire, folio 3 :

Cela n'en a jamais été une (difficulté) bien sérieuse que celle de savoir à la charge de qui seraient quelques réparations devenues ultérieurement nécessaires; elle s'est d'ailleurs complètement éteinte devant l'arbitre rapporteur. (Premier chef du rapport de M. Chauvet.)

L'arbitre rapporteur alloue en effet à MM. Péan le montant de leur réclamation.

En résumant ce qui concerne l'ancienne machine, on doit donc reconnaître :

1° Que la livraison en a eu lieu à Nantes, après montage opéré, puisque le deuxième paiement qui devait avoir lieu à la livraison, a été fait après la mise en marche;

2° Que M. Powell n'a pas fourni la transmission comme il l'avance, mais que les quelques pièces qu'il a livrées, pour donner à la transmission la vitesse convenable, ont été posées par son monteur, sans frais supplémentaires de journées;

3° Que les frais d'emballage ont été supportés par M. Powell, parce que si MM. Péan doivent les frais de transport, M. Powell doit expédier ses pièces en état de pouvoir être transportées;

4° Que pour la réclamation de MM. Péan, relative à la division du volant, M. Powell accepte la décision de l'arbitre.

Seconde Machine, fournie en 1856.

Ceci posé, revenons à la seconde machine et examinons les divers points énumérés à la page 4, et qui résument le litige.

Nous avons vu, par le marché intervenu entre les parties, les conditions auxquelles s'est opérée la vente de cette machine.

M. Powell vend à MM. Péan une machine dont les parties visibles sont à l'exposition; mais il s'engage à la livrer complète et avec tous ses accessoires.

Il vend aussi une chaudière avec grille, devant de fourneau, soupape, flotteur, etc. Comme ces objets ne se trouvaient pas à l'exposition, il était donc important de les énumérer.

Il doit la machine montée et en bonne marche; une fois en marche ses engagements ne sont pas terminés : il faut encore que l'ensemble de la machine et de la chaudière ne dépense pas une quantité de combustible désignée.

La moitié du prix de cette machine, avec chaudière, est payable à la livraison.

M. Powell, par le même marché, vend en outre une transmission à raison de 90 c. le kil., évidemment soumise aux mêmes conditions de montage et de bonne marche, puisqu'il n'y est pas dérogé.

Par une dernière clause, le transport de tout cet ensemble est laissé à la charge de MM. Péan, transport qui viendra augmenter d'autant le prix d'acquisition.

Voilà le marché tel qu'il était.

La question principale à examiner d'abord est celle-ci :

Quel est le lieu et l'époque de la livraison ?

Il devenait bien évident que les engagements que prenait M. Powell, ne seraient remplis qu'une fois la machine, comportant chaudière et accessoires, serait montée et mise en route.

C'est ainsi que cela avait eu lieu pour la première machine, et que M. Powell le comprenait encore pour celle-ci ; car on aurait de la peine à s'expliquer comment M. Powell qui, d'après ses dires, avait droit, dès le 4 août 1855, au paiement de la demie du prix d'achat, n'eût fait aucune demande, ni aucune réclamation pour être payé immédiatement de cette portion, qui ne lui fut versée que huit mois après, c'est-à-dire le 30 mars 1856, et encore sous réserves, et cela sans observations de sa part.

MM. Péan lui écrivaient :

23 février 1856.

Bien que nous ne devions la moitié de la machine qu'après la livraison, c'est-à-dire *après mise en route*, vous pouvez disposer sur nous de 15,000 fr. au 31 mars.

3 mars 1856.

Sur la question du paiement, notre marché ne parle pas de la livraison à Paris ; il ne fixe pas non plus d'époque de livraison : cette livraison restait donc, par le fait, dépendante du moment où nous aurions été à même de recevoir la machine, puisque vous saviez que nos bâtiments n'étaient pas encore commencés, et que vous nous avez fourni vos plans pour les construire. Le marché dit encore que la machine sera montée à vos frais, et ce n'est qu'après le montage terminé qu'il est question du paiement. Du reste, comme nous l'avons dit, nous tiendrons à votre disposition 15,000 fr. le 31 de ce mois : nous faisons donc plus que nous ne sommes tenus de faire. Vous allez, dites-vous, nous expédier la chaudière, mais pourquoi ne nous en adressez-vous pas le plan que nous vous avons demandé? Où voulez-vous que nous mettions cette chaudière si son berceau n'est pas bâti? Nous ne pouvons construire de fourneau que sur votre plan, puisque vous nous garantissez le combustible que la machine brûlera. Pressez-vous donc à nous remettre ce plan, et huit jours après vous pourrez expédier la chaudière.

M. Powell répondit sans aucun commentaire :

Rouen, 22 mars 1856.

J'ai disposé sur vous, suivant votre autorisation, de 15,000 fr., au 31 courant.

Mais aujourd'hui, M. Powell prétend que la livraison avait eu lieu de fait et de droit dès le 4 août 1855.

Il affirme que la machine qui figurait à l'exposition était toute construite, c'est-à-dire complète, et qu'elle a été livrée sur place, séance tenante.

Il veut bien reconnaître cependant que la chaudière, qui fait également partie du marché, ne figurait pas à l'exposition ; mais pour lui ce n'est qu'un détail sans importance : C'est le *plus fort qui l'emporte*, s'écrie-t-il ; en fait de livraison de machine, la *partie équivaut au tout*.

Il veut bien nous apprendre, quelque part dans son Mémoire, de quoi se compose une machine à vapeur, quels sont ses organes constitutifs ; mais il oublie de nous dire que plusieurs de ces organes constitutifs n'étaient pas présents à l'exposition, qu'ils n'étaient même pas encore fabriqués.

Ce sont les lettres de voiture datées de Rouen qui nous l'indiquent.

Nous trouvons, entre autres, sur une lettre de voiture du 15 mars 1856, l'expédition de :

Trois bras du volant ;

Quatre jantes du volant ;

La pompe alimentaire ;

La pompe à air ou condenseur, etc., etc.

Le 11 mai 1856 seulement, on expédie le piston et la tringle de cette pompe à air.

Tout cela n'était donc pas à l'exposition? Cependant ce sont les organes essentiels d'une machine tels que nous les décrit M. Powell !

Une machine, vendue complète avec tous ces accessoires, est un tout qui ne peut être morcellé. La livraison ne peut être parfaite que lorsque toutes les parties, qui composent ce tout, sont ajustées les unes aux autres de manière à former une machine, c'est-à-dire un tout capable de se mouvoir sous la pression de la vapeur.

Or, rien de cela n'existait à l'exposition ; ce n'est qu'à Nantes, après la mise en route, que la livraison a pu avoir lieu.

L'article 1609, invoqué par M. Powell, n'est pas applicable en l'état, puisqu'il n'y a pu avoir livraison à Paris d'une chose incomplète, qui n'existait encore qu'en partie.

Puisque M. Powell est en si bonne veine de jurisprudence, nous nous étonnons qu'il ne nous ait pas fait de suite l'application textuelle de l'article 1614, et qu'il ait bien voulu nous adresser les pièces qui ne figuraient pas à l'exposition. Cet article ne l'y obligeait pas, à son point de vue.

Par les expéditions subséquentes, qu'il a faites de Rouen, il reconnaît donc implicitement, que la chose ne pouvait pas être livrée *en l'état où elle se trouvait au moment de la vente*, et que par conséquent il ne pouvait y avoir de livraison possible à l'époque : donc l'article 1609 ne peut être appliqué.

Peut-on supposer, du reste, qu'un contrat renferme une clause banale, sans application possible ? Dans quel but aurait-on inséré dans le contrat cette clause : « *Le transport sera à la charge de MM. Péan,* » si la livraison de la machine avait dû avoir lieu soit à Paris, soit à Rouen ?

N'est-il pas évident que, dans ce cas, MM. Péan auraient été parfaitement libres d'en disposer selon leur bon plaisir ; qu'ils auraient pu, à leur gré, la faire ou ne pas la faire transporter !

Quel intérêt aurait eu M. Powell à introduire dans le contrat une *clause de transport*, relative à une chose qui se serait trouvé livrée par le seul fait de la signature du marché, et qui, par conséquent, ne lui aurait plus appartenu ?

Ne doit-on pas voir, au contraire, dans cette mention du *transport* laissé à la charge de MM. Péan, la volonté des parties d'opérer la livraison *ailleurs qu'à Paris*, puisqu'on spécifie que le transport *n'est pas à la charge de M. Powell* ? Ce qui veut dire qu'à l'époque où la machine devait être transportée, *il ne pouvait y avoir encore de livraison opérée.*

Le jugement du Tribunal de la Seine du 25 janvier 1859 a déjà reconnu qu'il n'y avait pas eu livraison à Paris.

En effet, l'article 420 du Code de procédure dit, entre autres, que :

Le demandeur pourra assigner devant le Tribunal dans l'arrondissement duquel la promesse a été faite et la marchandise livrée.

S'il y avait eu livraison à Paris, évidemment le Tribunal de la Seine était compétent. Or, que dit le jugement ?

.... Attendu que les défendeurs ne sont pas domiciliés dans le ressort de ce Tribunal, et qu'*aucune des conditions édictées par l'article* 420 du Code de procédure civile ne se rencontre dans l'espèce;

Par ces motifs,

Le Tribunal, jugeant en premier ressort, se déclare incompétent.

M. Powell ayant acquiescé à ce jugement en se présentant devant le Tribunal de Commerce de Nantes, n'est plus apte à venir plaider contre une chose irrévocablement jugée.

Si la livraison n'a pas eu lieu à Paris, elle n'a pu avoir lieu qu'a Nantes.

Il ne s'agit donc plus que de déterminer l'époque à laquelle cette livraison a eu lieu, c'est-à-dire le moment où toutes les pièces qui composent le tout, et l'ensemble appelé machine, ont été en la possession de l'acheteur, montées et en état de fonctionner.

MM. Péan avaient fixé l'époque de livraison au 30 septembre 1856 ; parce que les dernières pièces, formant la machine, n'étaient arrivées qu'à cette époque, ainsi que l'indiquent les lettres de voiture, et qu'un régulateur défectueux avait dû être changé et remplacé par un régulateur à boules : la machine n'ayant par conséquent marché régulièrement qu'à partir de ce moment.

M. l'arbitre rapporteur l'a fixée au 7 juillet 1856. Voici ses motifs :

Attendu que si Péan frères et Powell ont traité pour la machine que ce dernier avait à l'Exposition, il est certain que Powell a entendu vendre et Péan frères acheter une machine à vapeur complète, avec chaudière, grilles, etc., et enfin avec tous ses accessoires.

Attendu que si Powell avait exposé les pièces principales, celles ostensibles, et nullement les organes cachés sous la plate-forme non plus que la chaudière, puisqu'il résulte des lettres de voiture que ces dernières pièces ont été expédiées de Rouen, on ne peut donc pas dire que la livraison a été faite à la sortie du Palais de l'Industrie, puisque cette machine était loin d'être complète au moment du traité.

Attendu en outre qu'il résulte des pièces servies au dossier, que le sieur Powell était parfaitement renseigné sur la nécessité où se trouvaient Péan de construire un local approprié à la machine qu'ils achetaient de Powell, que ce dernier n'articule aucun retard du fait de Péan frères.

Attendu que la livraison ne peut être considérée comme complète qu'à l'instant où la machine, pourvue de tous ses organes, est mise en marche et fonctionne à la satisfaction de l'acheteur.

Attendu que le 9 juillet 1856 la machine, après avoir été livrée et mise en marche par James, éprouva un accident à son régulateur........ Que dès cette époque la machine avait fonctionné et paraissait remplir les conditions du marché.....

Par ces motifs, je suis d'avis que l'époque de livraison doit être fixée au 7 juillet 1856...

Ainsi, d'une part, un jugement du tribunal de la Seine, et, de l'autre, le rapport de l'arbitre expert sont d'accord sur ce point, que la livraison a été effectuée à Nantes; et l'arbitre fixe au 7 juillet l'époque de cette livraison.

MM. Péan frères, dans un esprit de conciliation et de paix, ont accepté cette date : le Tribunal voudra bien sanctionner ces décisions.

Cette opinion est corroborée par les déclarations de divers industriels notables de notre ville, que nous mentionnons à l'article de la POMPE A EAU, et dont nous extrayons ce qui suit :

Une machine vendue dans ces conditions (*montée, en bonne marche, munie de tous ses accessoires*), n'est reconnue livrée que du jour où, APRÈS AVOIR FONCTIONNÉ CONVENABLEMENT, au gré du constructeur et de l'acquéreur, elle est mise à la disposition de ce dernier.

Lotz fils aîné.

RÉCLAMATION LAMBERT.

Nous avons vu M. Powell prétendre jusqu'ici que la livraison de la machine avait été opérée le 4 août 1855, par le seul fait de la signature du marché, et cela en vertu des articles 1604 et 1609 (C. N.).

Nous ne voyons donc pas pourquoi, de son propre chef et sans aucune autorisation, M. Powell aurait mis la main sur un objet qui ne lui aurait plus appartenu.

Le 16 décembre 1855, il écrit à MM. Péan :

J'ai commencé hier à faire démonter la machine de l'exposition ; je viens vous prier de me dire, sans faute, par retour du courrier, par quelle voie vous l'expédier.

M. Powell agissait donc comme si la machine eût été sa propriété, et il avait raison.

Il lui fut répondu, le 19 décembre 1855, de vouloir bien s'entendre avec le chef de la gare d'Orléans à ce sujet, et de donner avis à MM. Péan du moment où il serait prêt à expédier.

Le 21 décembre 1855, nouvelle lettre de M. Powell, disant de répondre à son frère John Powell, s'il doit remettre la machine au chemin de fer avec ou sans garantie.

Les instructions nécessaires furent données, le 24 décembre, à M. Powell, par lesquelles MM. Péan tâchaient de concilier le bon marché du transport qui les concernait, avec les garanties que le chemin de fer devait donner au transport de ces pièces.

M. Powell était donc chargé de l'expédition d'une machine non encore livrée, dont les frais de transport allaient être supportés par MM. Péan.

Pour débattre ces frais de transport, il était le mandataire rétribué de MM. Péan, puisque en vendant une machine il prenait nécessairement l'engagement d'en faire l'expédition, et il aurait dû se conformer aux instructions qu'il avait demandées et reçues ; hors de là, il prenait à sa charge la responsabilité de ses actes.

Le 2 janvier, MM. Péan écrivaient à M. Powell :

Nous avions écrit à M. John Powell, avenue d'Antin, à Paris, de nous expédier la machine par le chemin de fer d'Orléans, de s'entendre avec le chef de gare pour l'application du tarif, qui aurait pu être de 22 50 ou de 32 05 par tonne. Il paraît que, loin de vous adresser au chemin de fer, vous vous êtes adressé à un commissionnaire du nom de Lambert, qui, au lieu de prendre 22 50 ou 32 05, a pris modestement 55 fr. Nous ne pouvons admettre, pour notre compte, de semblables conditions.

La machine vient d'arriver et voici le détail porté sur les lettres de voiture :

Première expédition, 36 colis fonte, 19,093 kil.

Camionnage à Paris..F.	56 25
Transport à raison de 32 05................................	612 25
Débours...	286 55
	955 05

Deuxième expédition, cylindre, 4,165 kil.

Première classe à raison du poids indivisible, 49 13....................F. 205 »

Débours... 83 30

288 70

Dans ces débours, le camionnage est compris pour 16 fr. 70.   .

Le chemin de fer nous a dit que les débours réclamés par Lambert n'étaient autres que sa commission pour vous avoir servi d'intermédiaire à Paris.

Vous devez bien penser que nous ne pouvons supporter ce surcroit de dépenses.

Tout en se plaignant auprès de M. Powell, MM. Péan prenaient des renseignements auprès du chef des gares à Nantes, qui, lui-même, en référait à Paris.

Voici ces renseignements :

Paris, 1er février 1856.

J'ai fait passer chez M. Lambert, 30, boulevard Contrescarpe, pour en obtenir des instructions, mais cet expéditeur est déménagé, sans laisser sa nouvelle adresse, et l'on n'a pu obtenir aucun renseignement sur le lieu de sa résidence.

Le Chef du Bureau Central.

Nantes, 4 février 1856.

Je vous adresse sous ce pli en communication, la réponse que je reçois de mon collègue de Paris. Veuillez en prendre connaissance et me la retourner ensuite.

Il faut que votre expéditeur soit bien négligent pour s'être confié à un pareil intermédiaire.

Il vous cause la perte d'une somme assez importante, et il *serait de toute justice qu'il supportât cette perte lui-même.*

Le Chef des Gares à Nantes ,

CROS.

A ce moment, M. Powell reconnaissait qu'il était fautif, et que son frère, M. John Powel, connaissant à peine la langue française, s'était laissé attraper par un intrigant.

Aussi, écrit-il le **11 février 1856** :

Je crois que vous ne devez pas payer les débours réclamés par Lambert, attendu qu'il s'est dit commis, agent du chemin de fer de Paris à Orléans aux Batignolles, et en traitant avec Lambert, j'ai entendu traiter avec le chemin de fer *comme vous m'en avez donné l'ordre*, et je ne comprends pas comment le chemin de fer aurait remboursé une pareille somme comme débours *qui aurait dû paraître incroyable.*

Sur l'avis de M. Powell, MM. Péan refusèrent de payer la lettre de voiture; mais, pressés par le chemin de fer, ils écrivaient à M. Powell, le 28 février :

> Veuillez nous faire connaître votre décision, et nous autoriser à payer, pour votre compte, les débours en dehors du camionnage et du transport, ou bien nous dire si nous devons résister et nous laisser assigner.

La réponse de M. Powell fut :

22 mars.

> Payez le port de votre machine, et nous soumettrons aux arbitres lequel de nous doit payer.

Mais M. Powell, qui comprenait bien qu'il avait commis une faute en ne s'adressant pas directement au chemin de fer, voulut poursuivre Lambert, dont il avait découvert la trace.

Aussi, le 9 avril, il écrivait spontanément à MM. Péan :

> Je vous prie de me renvoyer, sans faute, par retour du courrier, les deux lettres de voiture où Lambert, de Paris, a fait suivre son remboursement, comptant, sans faute, là-dessus, par le plus prochain courrier.

MM. Péan virent, dans cette demande des titres, un acquiescement de M. Powell à leur juste demande. Ils lui adressèrent immédiatement, par leur lettre du 11 avril, les lettres de voiture en question, et ne s'occupèrent plus de cette affaire jusqu'au jour où M. Powell leur fit signifier son compte-courant.

M Powell, depuis cette époque, et dans ce moment encore, est détenteur de ces pièces.

Mais, aujourd'hui, dans son mémoire, M. Powell trouve que tout a été parfaitement bien fait, que Lambert mérite des éloges pour la manière dont il s'est acquitté de sa mission. Il ne trouve plus étonnant, comme par sa lettre du 11 février 1856, que le chemin de fer ait remboursé une pareille somme, qui alors lui *semblait incroyable*.

Il demande s'il a fallu payer quelque chose pour faire prendre la machine à l'exposition et la faire transporter en gare.

Nous répondrons à cela que le *camionnage* est clairement spécifié sur les lettres de voiture, en dehors des débours versés à Lambert, et que nous n'en réclamons pas le remboursement.

Il demande s'il devait s'adresser au chemin de fer pour le démontage et le camionnage en ville.

Sur le premier point de la question, nous répondrons : « Elle est oiseuse, puisque, par sa lettre du 16 décembre 1855, avant qu'il n'ait vu Lambert, M. Powell écrivait qu'il faisait démonter lui-même la machine. »

Du reste, ce n'était pas l'affaire de MM. Péan, puisqu'on leur devait une machine montée et en marche, et qu'ils ne se sont engagés qu'au paiement des frais de transport.

Sur le deuxième point, nous répondrons que certainement le chemin de fer a un camionnage propre à lui, ou à son usage spécial

Lambert s'est adressé au bureau central, rue Saint-Honoré, et c'est ce bureau qui a fait enlever les pièces, et perçu le camionnage qui n'est pas compris dans les *débours*.

L'affirmation, que Lambert, un homme sans feu ni lieu, sans domicile, était le seul qui fût à même d'opérer le transport des pièces, est par trop ridicule, lorsque ses démarches se sont bornées à faire la course que M. Powell aurait dû se donner la peine de faire, se rendre au bureau central, rue Saint-Honoré, et donner ordre d'enlèvement; car ce n'est pas contre le camionnage que MM. Péan protestent, mais bien contre les débours en dehors du transport et du camionnage.

Voici l'opinion de l'arbitre à ce sujet :

Attendu que MM. Péan avaient pris à leur charge les frais de transport, de Paris à Nantes, de la machine figurant à l'exposition; que par la correspondance on voit MM. Péan frères donner à M. Powell des indications nécessaires pour opérer l'envoi de cette machine par la compagnie du chemin de fer d'Orléans, mission dont il s'est chargé.

Attendu que si M. Powell a cru devoir s'adresser à un sieur Lambert, au lieu de s'entendre avec la compagnie d'Orléans, ce ne peut être que par deux motifs : ou pour faire démonter la machine de l'exposition, ou pour se débarrasser de la charge d'en surveiller la délivrance à l'administration du chemin de fer. Dans le premier cas, les frais n'en avaient point été laissés à la charge de MM. Péan frères. Dans le second cas, M. Powell, n'ayant pas suivi les instructions de MM. Péan, ne peut répéter contre ceux-ci les frais occasionnés, faute d'avoir accompli le mandat qu'il avait accepté, et qu'en définitive *il s'occupait de sa chose propre* tant qu'il n'en était point déchargé par sa délivrance au chemin de fer.

Par ces motifs, je suis d'avis que le paiement à Lambert doit rester à la charge du sieur Powell.

Nous ne doutons pas que ce ne soit aussi l'opinion du Tribunal.

BRAS DE VOLANT.

En montant les pièces de la machine, l'ouvrier de M. Powell fit apercevoir à MM. Péan qu'un des bras de volant, venu de Paris, se trouvait fendu. Ces fentes étaient transversales, mastiquées et peintes, de sorte qu'il aurait été impossible de s'en apercevoir sans faire des recherches minutieuses. L'ouvrier ajouta qu'à moins de l'assujétir par deux barres de fer, ce bras ne pourrait servir; il les engagea à retourner cette pièce à Rouen, afin qu'on leur en adressât une autre en remplacement. C'est ce que MM. Péan firent, en en donnant avis à M. Powell par leur lettre du 3 avril 1856.

M. Powell, toujours prompt à trouver des excuses lorsqu'il en a besoin, leur répondit le 9 avril :

Il est certain que le chemin de fer l'aura laissé tomber : vous devez avoir pris vos mesures pour vous en faire tenir compte.

Il fallut donner de nouvelles explications à M. Powell, et comme à cette époque on ne peut soupçonner MM. Péan de n'avoir pas expliqué à M. Powell les faits dans leur parfaite réalité, on peut donc considérer la description qu'ils firent de l'état de ce bras de volant, par leur lettre de 1856, comme parfaitement exacte.

Nous avons fait remarquer au chef de gares la brisure du bras de volant : l'ingénieur du chemin de fer était présent, ainsi que plusieurs mécaniciens. Ces Messieurs nous ont dit que les fentes qui existent sur ce bras provenaient d'un mauvais refroidissement de la fonte ; qu'un choc aurait brisé cette pièce au lieu de lui donner deux ou trois fentes parallèles. Le bras *est un peu cintré*, et comme la fonte ne plie pas, ce défaut ne peut provenir que du moulage, c'est aussi un peu l'avis de James.

Il résulte donc de cette description des deux ou trois fentes existant en travers du bras de volant et de la courbure qu'il a prise, que ce ne pouvait être, en effet, que le résultat du refroidissement de la fonte.

Mais M. Powell ne veut pas reconnaître ce défaut ; quoi que nous soupçonnions fort son monteur d'en avoir été prévenu d'avance, car il eut été impossible de reconnaître ces fentes cachées par la peinture, si l'on eut ignoré leur existence. Par sa lettre du 23 avril, M. Powell fournit des explications auxquelles nous n'avons rien compris.

Nous citons :

Je trouve que l'observation de vos employés du chemin de fer, pour la cassure du bras de volant, n'est nullement fondée ; mais ces Messieurs trouvent toujours des excuses pour eux, attendu que le bras de volant ne pouvait pas être cassé en refroidissant comme une pièce circulaire, attendu qu'il est droit, et la preuve qu'il n'était pas cassé en refroidissant, puisqu'il a été peint une fois chez moi et deux fois à Paris. *Certainement que la peinture aurait caché la cassure*, et soyez persuadé que s'il avait été cassé, le chemin de fer ne l'aurait pas reçu, par conséquent vous devez vous mettre en mesure contre lui.

Cette déclaration de M. Powell, que le bras de volant *a été peint trois fois et que la peinture aurait caché la cassure,* n'est-elle pas suffisante pour démontrer que les fentes étaient le résultat d'une fabrication défectueuse.

M. Powell veut rejeter sur MM. Péan les frais nécessités pour le remplacement de ce bras, parce qu'il n'est pas constaté que l'avarie existât déjà au moment de la réception.

Mais qui aurait pu le constater, puisque la machine n'était pas livrée et restait toujours, jusqu'à la livraison, au compte de M. Powell ? Serait-ce, par exemple, Lambert qui aurait dû opérer cette réception pour le compte de MM. Péan ?

M. Powell dit qu'aujourd'hui MM. Péan acceptent la responsabilité du transport.

MM. Péan n'ont jamais rien accepté de semblable ; mais s'ils avaient reçu du chemin de fer des pièces brisées d'une manière apparente, il était de leur devoir de prendre, dans l'intérêt de M. Powell, les mesures nécessaires pour s'en faire rembourser.

Il dit encore que MM. Péan n'ont rien fait à l'arrivée pour faire constater la cause et la nature de l'avarie.

Si cette avarie n'était pas apparente, que pouvaient-ils faire ?

M. Powell se rejette alors sur le jury de l'exposition, qui eût repoussé la machine, s'il y avait trouvé une fente.

Le jury aurait eu fort à faire s'il avait dû exercer un pareil contrôle sur les objets exposés.

La vraie cause de cet accident provient, sans contredit, du moulage.

Cette opinion exaspère M. Powell, qui taxe de complète ignorance ceux qui peuvent supposer qu'une pièce rectiligne puisse se fendre en refroidissant; mais comprenant bien que le défaut ne peut provenir d'un choc qui aurait brisé la pièce, il en cherche la source dans une autre cause.

C'est la gelée, nous dit-il, *qui est capable d'avoir occasionné ces fentes.*

Or, qu'est-ce que la gelée ? C'est un refroidissement au-dessous de la température moyenne de 10 à 20 degrés au plus. Qu'est-ce à comparer au refroidissement qu'éprouve la pièce en la fondant, qui, d'une température de 500 degrés, descend à 10 ou 15 ? Si, dans un cas, une pièce rectiligne peut se fendre, comment ne se fendrait-elle pas dans l'autre ?

C'est en vérité trop longtemps discuter une question aussi élémentaire, que de savoir si un choc peut faire fendre et plier la fonte au lieu de la briser.

Nous donnons ici l'opinion de quelques honorables constructeurs que nous avons consultés à ce sujet.

Ce sont MM. Alf. Dezaunay, Faivre père, Brissonneau frères, Renaud et Lotz, etc., ingénieurs-mécaniciens.

Relativement à un bras de volant qui se serait trouvé défectueux au moment de le mettre en place, sur la description que MM. Péan nous ont faite de cette défectuosité, sans engager notre opinion sur l'exactitude de la description, puisque nous n'avons pas vu la pièce en litige, nous sommes d'avis, après examen de la forme du bras du volant, *qu'un choc ou une surcharge,* soit pendant le transport, soit pendant le séjour de la pièce dans l'établissement de MM. Péan, *ne pouvait opérer qu'une rupture complète, une division en deux ou un plus grand nombre de morceaux ;* mais qu'une fissure transversale d'une partie de la nervure d'une telle pièce, nous semble ne pouvoir provenir que *du retrait de la fonte* dans le moule peu après la fusion, et devoir être par conséquent considérée comme un *défaut dans la matière.*

Les motifs adoptés par l'arbitre rapporteur, quoique tirés d'un autre point de vue, n'en sont pas moins concluants.

Attendu qu'à la réception du volant, le sieur James, ouvrier monteur, envoyé par M. Powell, se trouvait à l'établissement de MM. Péan frères; que cet ouvrier a pu se rendre compte des causes de la rupture de cette pièce, et en faire son rapport à M. Powell;

Que , d'autre part , on voit MM. Péan réclamer au chemin de fer , et transmettre à M. Powell les observations des ingénieurs sur les causes présumées de l'avarie ;

Que loin de protester et d'enjoindre à MM. Péan frères de faire procéder régulièrement à la constatation de cette avarie et se refuser à recevoir la pièce, on voit au contraire l'ouvrier James garder le silence , et M. Powell recevoir le bras du volant cassé , et en refondre un autre, concourant aussi lui à rendre impossible la constatation actuelle des causes de cette rupture ; qu'en l'état la présomption est contre l'expéditeur ;

Par ces motifs, je suis d'avis que le bras de volant fourni par M. Powell , en remplacement de celui cassé , doit rester pour son compte.

Résumant la discussion de ce volant , on voit :

Que les présomptions les plus graves existent sur ce que le défaut observé provient de la fonte de la pièce à Rouen ;

Que ce défaut peint et mastiqué trois fois était évidemment caché, ainsi que le reconnaît M. Powell par sa lettre du 23 avril ;

Qu'il n'est pas étonnant qu'un défaut ainsi caché, n'ait été remarqué ni par le jury de l'exposition, ni par Lambert, ni par le chemin de fer, ni enfin par MM. Péan qui recevaient cette pièce pour compte de M. Powell ;

Ils n'ont donc pu prendre, dans l'intérêt de ce dernier, qui leur devait une machine toute montée et en marche, garantissant toutes les pièces pendant au moins une année , aucune mesure conservatrice.

Et en dernier lieu , ainsi que le dit fort judicieusement le rapporteur , il était du devoir de M. Powell ou de son représentant, dès qu'il a aperçu le défaut, et avant d'ordonner le renvoi de la pièce à Rouen , de faire constater si l'on pouvait l'imputer , soit à un vice de construction , soit à un accident arrivé pendant le transport ou par incurie de MM. Péan frères.

M. Powell lui-même, recevant la pièce qui lui était retournée, devait, au lieu de dire : « *Le chemin de fer l'aura fait tomber,* » faire constater que le défaut était la suite d'un accident imputable à MM. Péan , soit par incurie, soit par voie de responsabilité.

POMPE A EAU FROIDE.

Nous arrivons à une des questions les plus importantes du procès. S'il ne s'agissait que d'invoquer la bonne foi , elle serait tranchée bien facilement ;

mais en face des prétentions nombreuses de M. Powell, MM. Péan ont besoin de donner quelques développements détaillés.

Et d'abord, en traitant du prix de la machine à Paris, M. Péan aîné dit à M. Powell :

Je vois ici votre machine, comme toutes celles qui sont exposées, munie de pompe à eau ; pourquoi ne nous en avez-vous pas fourni avec notre première machine ?

La réponse de M. Powell fut :

Parce que vous n'en aviez pas besoin ; mais s'il vous en eût fallu une, je vous l'aurais fournie. Avez-vous à vous plaindre de la marche de votre machine ?

M. Péan dit alors à M. Powell, que la position ne serait plus la même pour les nouvelles constructions qu'ils allaient faire, et qu'il faudrait aller chercher l'eau à une grande profondeur, que par conséquent il entendait qu'on lui fournit la pompe à eau.

Ceci bien compris et entendu, on rédigea, dans les abords de l'Exposition, le marché que l'on connaît, où il est dit :

M. Powell vend une machine *qui est à l'Exposition, complète, avec tous ses accessoires.*

Evidemment il était inutile d'énumérer toutes les pièces qui devaient composer la machine, puisque c'étaient celles qui, *d'une manière ostensible, figuraient à l'Exposition.*

Toutes les pièces exposées faisaient donc partie de la vente, et M. Powell n'avait le droit d'en distraire aucune.

MM. Péan, ne soupçonnant pas que M. Powell eût l'intention de leur refuser cette pompe à eau, prenant toutes leurs dispositions pour le montage de la machine, écrivirent, le 19 février 1856 :

Nous devons vous faire remarquer que *la pompe de la machine* devra amener l'eau de 40 pieds de profondeur du fond du puits au condenseur ; il faudra baisser votre corps de pompe en conséquence, etc.

M. Powell, faisant semblant de ne plus se rappeler ce qui avait été convenu verbalement au sujet de cette pompe, écrit le 21 février 1856 :

Je vois avec regret que vous êtes forcés de descendre aussi profond pour avoir de l'eau pour votre machine. Veuillez me dire, par votre prochaine, si je dois vous faire cette pompe, attendu qu'elle est pour votre compte.

Le 23 février, réponse de MM. Péan :

Nous pensons que la pompe à eau fait partie de la machine que vous nous devez *complète et avec tous ses accessoires.*

Nous avons remarqué, à l'Exposition, que notre machine nouvelle était munie d'une tige de pompe à eau, en outre de la pompe alimentaire et de celle du condenseur. Cette tige n'était pas là pour rien.

Il était évident que la présence de *cette tige, représentant la pompe à eau,* comme les autres tiges représentaient la pompe à air et la pompe alimentaire, suffisait pour obliger M. Powell à la livraison de la pompe à eau. Aussi eût-il le soin d'enlever cette tige et de la faire diriger sur Rouen, pendant que les autres pièces prenaient la route de Nantes.

Il répond, le 1ᵉʳ mars 1856, qu'il aurait été bien entendu que MM. Péan n'auraient pas besoin de pompe à eau, parce que leur première machine n'en possédait pas, et qu'une mention spéciale de cette fourniture n'était pas faite au marché.

M. Powell, nous l'avons vu déjà dans d'autres occasions, a la mémoire courte, surtout lorsque ses intérêts sont en jeu ; il fallait donc lui rappeler de nouveau ce dont il avait été question lors de la vente : MM. Péan le firent en ces termes :

Nantes, 3 mars 1856.

Monsieur Thomas Powell, à Rouen.

Nous avons sous les yeux votre lettre du 1ᵉʳ courant ; nous voyons avec peine que vous voulez chercher des difficultés là où il n'en existe pas. Jusqu'à ce moment, nous avions trouvé chez vous justice et bon vouloir : nous regrettons que vos prétentions d'aujourd'hui vous fassent sortir de cette voie.

Nous allons répondre à votre lettre article par article, en vous faisant remarquer que nous tiendrons à l'exécution rigoureuse de notre marché.

Au sujet de la pompe à eau, vous nous dites qu'elle n'est pas mentionnée dans notre marché. A cela nous répondrons qu'*elle n'en est pas exceptée ;* et, qu'au contraire, les termes du marché indiquent que vous la devez.

La tige de la pompe à eau froide existait à l'exposition. Nous ne comprenons pas pourquoi vous l'en avez distraite, et pourquoi vous vous êtes fait retourner des pièces, *puisque tout nous était vendu.*

Voici notre marché, que vous paraissez oublier : *M. Th. Powell vend à MM. Péan frères une machine à vapeur de la force de trente chevaux, qui est à l'exposition, avec chaudière,*

*grille et devant de fourneau, soupapes, floteur, etc.; enfin, la machine complète, avec tous
ses accessoires.* Il nous semble que la pompe est un *accessoire* des plus indispensables d'une
machine. Si nous ne l'avons pas spécifié d'une manière particulière sur notre marché, *c'est
qu'elle existait à l'exposition*, que nous l'*avions vue*, et que, par conséquent, il n'était pas
plus nécessaire de la mentionner que nous n'avons mentionné les escaliers en fonte et la
plate-forme. Par le même système, vous auriez pu vous faire retourner à Rouen ces escaliers et cette plate-forme, en nous disant pour raison que notre premier marché n'en
avait pas.

Il ne faut plus comparer le marché de notre première machine avec celui d'aujourd'hui.
Nous vous avions acheté une machine nue, sans chaudière ni tuyaux, tandis que, par notre
marché du 4 août 1856, nous avons acheté une machine complète, *avec tous ses accessoires.*
Il n'y a donc aucune restriction à faire. Nous vous rappelons encore que si vous n'avez pas
fourni de pompe pour notre première machine, c'est qu'elle était inutile, par suite de la
proximité de l'eau, que *vous nous avez dit* que, s'*il avait fallu une pompe, vous étiez tenu
à nous la livrer.*

La présence de cette tige de pompe à l'exposition, gênant beaucoup trop
M. Powell, il est obligé de lui chercher une autre destination.

Il écrit le 7 mars :

Tant qu'à la tige que vous parlez, *c'était une tige de pompe à air, pour faire parallèle
avec l'autre comme ornement;* je peux vous en justifier, au besoin, par la lettre de voiture.

Nous ne savons pas ce que la lettre de voiture pourrait nous prouver dans
cette occurrence; il nous suffit de reconnaître, de la part de M. Powell, le
fait d'avoir enlevé une tige, pour démontrer que cette tige n'était et ne pouvait être autre chose qu'une pompe à eau.

Ajoutons encore ici la lettre du 10 mars de MM. Péan :

Monsieur votre frère, qui est venu nous voir ici, hier et aujourd'hui, avec votre monteur
James, nous a dit que c'était *la tige de la pompe à eau froide;* que cette tige n'était pas terminée au-dessous de la plaque de fondation, et qu'on l'avait *retournée à Rouen pour l'ache-
ver;* il y avait à l'exposition la tige du condenseur d'un bout du balancier, et de l'autre
bout, celle de la pompe alimentaire et de la *pompe à eau froide* que nous réclamons.

Examinons les motifs sur lesquels se base M. Powell, pour appuyer ses prétentions :

1° Il n'a pas fourni de pompe pour la première machine.

2° La pompe à eau n'est pas un accessoire, même ordinaire, d'une machine,
parce qu'il est des cas où l'on peut s'en dispenser.

3° Les locomotives n'ont pas besoin de pompe à eau.

4° La fourniture d'une pompe doit toujours faire l'objet d'une mention particulière dans le contrat.

5° Enfin, les usages locaux à Nantes, rendent ces pompes inutiles, et rien ne pouvait lui révéler la nécessité d'en fournir une.

Il est regrettable de voir M. Powell s'éloigner ainsi de la vraie question ; mais en attendant de l'y ramener, nous lui dirons :

1° Que pour le premier marché, il a vendu une machine nue, sans chaudière, ni tuyauterie, ni accessoires, une machine pour laquelle il n'a pas même fourni (le croirait-on !) de sommiers pour supporter la galerie ; il a fallu que MM. Péan y suppléent par des pièces de bois.

Par le même motif, rien ne l'aurait empêché, aussi bien qu'il a enlevé la pompe à eau, d'enlever l'escalier en fonte, la plate-forme, les rampes, etc., sous prétexte que ce ne sont pas là des *pièces fournies habituellement,* et que nous n'en *possédions pas pour notre première machine.*

2° La pompe à eau, du moment qu'elle est liée à une machine à condensation, en est toujours un accessoire ; nous donnons à ce sujet l'opinion de plusieurs constructeurs.

3° Si les locomotives n'ont pas besoin de pompe à eau, c'est que leur construction est tout aussi différente d'une machine à condensation qu'un moulin à eau l'est d'un moulin à vent.

Dans la machine à haute pression, l'eau n'est utilisée que pour engendrer la vapeur ; tandis que dans la machine à condensation, la masse d'eau qu'elle emploie a pour effet de *condenser la vapeur,* de manière *à faire le vide dans les cylindres.* La machine à haute pression fonctionne avec sa seule pompe alimentaire, tandis que *l'eau,* dans la machine à condensation, est un agent *aussi puissant* que la vapeur.

4° Le contrat se rapportant à un objet qui figurait à l'exposition, et qui, par conséquent, faisait partie de la vente, c'était au constructeur qui, mieux que l'acheteur, devait connaître les usages, à en faire l'objet d'une exception sur son marché.

5° Quant aux usages locaux invoqués par M. Powell, nous regrettons de dire que lui, et l'auteur qu'il cite, sont dans la plus complète erreur à ce sujet.

En dehors des deux machines de MM. Péan , M. Powell a fourni, à Nantes, deux autres machines.

L'une à MM Chérot et C', dont l'usine est sur le bord de la Loire;

L'autre à M. Vincent , placée sur le bord de l'Erdre.

Ecoutons ces deux honorables industriels.

Nantes , 15 mars 1860.

MM. Péan frères , à Nantes.

Nous venons, suivant votre demande, vous donner les renseignements relatifs à la machine à vapeur qui nous a été fournie par M. Powell, constructeur à Rouen , et qui fonctionne en ce moment dans notre usine.

Cette machine, en outre de la pompe à air, est munie d'une pompe à eau, qui amène, au moyen d'une ligne de tuyaux, l'eau nécessaire à la condensation et à l'alimentation des chaudières.

Cette pompe à eau est un des organes indispensables de la machine, qui ne pourrait fonctionner à son défaut, et faisait nécessairement partie de l'ensemble de ses pièces au moment de son acquisition.

Nous croyons, du reste, que le plus grand nombre des machines ne saurait s'en passer, à moins de conditions toutes spéciales.

Agréez nos salutations empressées. E. Chérot et C°.

Voici la déclaration de M. Vincent :

Je soussigné déclare avoir à ma tannerie, quai des Tanneurs, une machine à vapeur de M. Th. Powell, de Rouen , et que j'ai une pompe pour amener l'eau à ma machine.

Nantes , le 13 mars 1860. J. Vincent.

La vraie question dont M. Powell s'écarte, *c'est ce fait vérifié par sa lettre du 7 mars* 1856, qu'il y avait à l'exposition trois tiges qui, chacune, étaient une promesse matérielle de livrer les pompes qui devaient y être adaptées : pompe à air, pompe alimentaire et *pompe à eau.*

Ces trois tiges ou promesses de pompes étaient autant d'accessoires compris dans le marché, au même titre que les escaliers, la galerie, etc. ;

Aucune exception n'existant à leur égard sur le marché, il s'ensuit que, faisant application de l'article 1614 Code Napoléon, à ce que *l'état ostensible de la machine indiquait suffisamment devoir en faire partie intégrante,* la pompe à eau doit être livrée par M. Powell.

5

Jusqu'à un certain point nous eussions compris, sans néanmoins l'admettre, la prétention de M. Powell, s'il nous avait dit :

« C'est vrai, la pompe à eau figurait à l'exposition, mais mon intention » était de la retirer. »

Au lieu de cela, que fait-il ? Il fait enlever clandestinement, à l'égard de MM. Péan, une pièce qui devait leur appartenir ; il la renvoie à Rouen, et lorsqu'ils reconnaissent qu'elle leur manque, il attribue à cette tige une autre destination que sa destination réelle.

C'est, nous dit-il, une pompe à air pour faire parallèle à l'autre, comme ornement.

Cela ne peut être : la pompe à air ne peut pas avoir de parallèle.

Changeant le sens de sa lettre, M. Powell, dans son mémoire, nous met, entre parenthèses qui n'existent pas dans l'original, que

C'était une tige de pompe à air pour faire parallèle avec la tige de la pompe alimentaire.

Cela est encore impossible. Une tige de pompe à air est de toute autre force et de toute autre dimension qu'une tige de pompe alimentaire.

Ce serait alors le cas de faire intervenir le jury de l'Exposition, et de dire :

« Comment le jury aurait-il pu admettre une semblable machine, avec deux pompes à air ! »

Non, la tige enlevée était bien une tige de pompe à eau. On s'explique facilement que pour une exposition universelle, un constructeur ait mis tous ses soins à rendre sa machine aussi complète que possible, et il est de règle que la vente d'une machine exposée comporte également tous les accessoires dont elle peut être pourvue, et qui, dans les ventes ordinaires, pourraient faire l'objet de mentions spéciales.

Nuls autres que MM. Renaud et Lotz ne peuvent être à même de mieux nous renseigner au sujet des machines destinées à des expositions.

Le 24 juin 1860.

Messieurs Péan,

Nous avons l'avantage de répondre à la demande que vous nous avez adressée.

Lorsque nous exposons des machines ou des instruments quelconques, dans des concours ou des expositions, nous sommes obligés de faire une désignation de l'objet et d'en donner le prix. Puis, lorsque nous vendons ces machines, nous les livrons toujours *avec tout ce qu'elles comportent :* ainsi, par exemple, si nous exposons des locomobiles et que nous ayions placé sur leurs arbres, *des poulies* pour faire fonctionner différents outils, *nous laissons les poulies;* mais lorsque nous vendons un moteur quelconque, en dehors des expositions, nous ne fournissons pas de poulies, à moins de convention de marché.

Recevez, Messieurs, nos civilités respectueuses,

P. Renaud et A. Lotz.
Constructeurs-mécaniciens.

A l'égard de la pompe à eau, nous avons consulté plusieurs notables constructeurs et mécaniciens de notre ville. Voici leur opinion :

Nous soussignés, Dezaunay (Alfred) et Faivre (Charles), tous deux ingénieurs-mécaniciens, demeurant à Nantes, consultés par MM. Péan frères et C⁴, au sujet d'un différend qu'ils ont avec M. Powell, constructeur à Rouen; après avoir pris connaissance des faits, tels qu'ils nous ont été rapportés par MM. Péan frères et C⁴, ainsi que du marché intervenu entre les parties, en date du 4 août 1855, avons émis l'avis suivant :

MM. Péan frères et C⁴ prétendent qu'ils ont acheté de M. Powell une machine à vapeur dont les parties visibles figuraient à l'Exposition de 1855 ; que, d'après leur marché, cette machine devait leur être livrée complète, munie de tous ses accessoires.

MM. Péan ajoutent que parmi les pièces visibles, exposées, se trouvait une tige de pompe à eau froide articulée sur un axe qui traverse le balancier, lequel axe portait, à son extrémité opposée, la tige de la pompe alimentaire; en conséquence ils demandent à M. Powell que la pompe à eau froide, que la tige promettait et qui est un accessoire nécessaire à leur machine, leur soit livrée dans le prix convenu pour la machine complète.

M. Powell, de son côté, prétendrait qu'il n'existait pas de tige de pompe à eau ; mais il reconnaîtrait, par sa correspondance et même par un mémoire publié pour sa défense, qu'il a existé à l'Exposition une tige placée pour simple ornement, qui n'était autre qu'une tige de pompe à air, pour faire le pendant de celle de la vraie pompe à air, et qu'il aurait fait enlever cette tige après l'Exposition, pour la retourner à Rouen, en même temps que les poteaux qui soutenaient la machine, avec des cordages et poulies, et repousserait par ce moyen la prétention de MM. Péan.

Nous appuyant sur ces données comme point de départ, et raisonnant dans l'hypothèse des faits ainsi présentés, sans engager notre opinion sur leur exactitude, nous voyons que le débat se résumerait à savoir si la tige pendante à côté de celle de la pompe alimentaire, pouvait être destinée à une pompe à eau froide ou à une seconde pompe à air; et, subsidiairement, si cette tige, destinée seulement à l'ornementation de la machine, pouvait faire pendant à la tige de la vraie pompe à air, comme le prétendrait M. Powell ; et encore à savoir si la présence de cette tige impliquait, de la part du constructeur, l'intention de fournir, avec la machine, une pompe à eau froide, à défaut d'engagement spécial.

Nous n'hésitons pas à déclarer ici formellement :

1° Que la place adoptée, par tous les constructeurs, pour la pompe à eau froide, est bien celle au-dessus de laquelle pendait la tige en question, et qu'il est naturel de penser que MM. Péan en aient reconnu la destination en inspectant la machine à l'Exposition.

2° Que nous n'avons jamais vu, ni entendu dire qu'il existât deux pompes à air à une machine à vapeur ; en tous cas, nous verrions l'une de ces deux pompes complètement inutile.

3° Que la tige en question, qui était placée près de celle de la pompe alimentaire, ne pouvait faire pendant qu'à cette dernière, et ne pouvait en aucune manière être comparée, pour la symétrie, à celle de la vraie pompe à air, ni pour ses dimensions, ni pour la place qu'elle occupait, ni pour son mode de suspension.

Sur la question de savoir si la pompe à eau froide devait faire partie des fournitures auxquelles M. Powell s'est engagé :

Nous comprenons que MM. Péan, comptant sur la bonne foi de M. Powell, et d'ailleurs *appuyés de cette clause du marché* où il est dit que la machine leur sera livrée *complète, en marche, et munie de tous ses accessoires*, ont pu négliger de désigner spécialement la pompe à eau parmi les nombreux accessoires nécessaires au fonctionnement d'une machine à vapeur, puisque le marché les englobait tous dans la même phrase, sans en désigner aucun en particulier ;

Mais nous comprenons que M. Powell, qui prenait l'engagement de fournir *tous les accessoires nécessaires*, devait s'enquérir si la pompe à eau était nécessaire, en faire l'objet d'une convention spéciale, s'il ne voulait pas la comprendre parmi les accessoires nécessaires.

Son silence à cet égard équivaudrait à une acceptation tacite de sa part de comprendre ladite pompe parmi les accessoires, et permettrait d'ailleurs à MM. Péan d'invoquer l'article 1602 du Code Nap.; et, nous appuyant nous-mêmes sur l'article 1602, comme sur la bonne foi qui doit présider à une telle transaction, nous disons qu'il était du *devoir* de M. Powell de s'expliquer au sujet de cette pompe, et qu'en admettant aussi l'oubli de sa part, à cause des circonstances précipitées dans lesquelles le marché a été conclu, *l'inadvertance ne peut plus lui venir en aide,* LORSQU'IL RETOURNE A ROUEN *la tige primitivement destinée à mouvoir la pompe à eau froide.*

Relativement à un bras de volant............ (Extrait donné à la page 27.)

Nous résumons donc notre opinion sur chacun des points principaux de cette discussion, en disant :

1° La tige de pompe qui, à l'Exposition, faisait pendant à celle de la pompe alimentaire, était bien destinée à une pompe à eau froide.

2° Cette tige ne pouvait servir à aucun autre usage, ni pour la symétrie avec celle de la pompe à air, ni pour l'ornementation.

3° Pour ce qui est de la pompe proprement dite, à la faveur du marché qui obligeait le vendeur de fournir tous les accessoires, nous admettons facilement que l'acheteur ait omis de spécifier une pompe ; mais nous ne comprenons pas le silence du vendeur, lequel silence

impliquerait, suivant nous, comme suivant la loi, *la charge complète de tous les acces-*
soires.

4° Relativement au bras du volant, nous pensons que la fissure qui nous a été décrite ne
peut être considérée que comme un défaut dans la matière.

Le présent avis ainsi formulé par nous,

A Nantes, le 23 juin 1860.   C. FAIVRE père,   DEZAUNAY ALFRED.

Après avoir pris connaissance du marché contracté entre MM. Péan frères et M. Powell,
constructeur, pour la vente d'une machine à vapeur *complète avec tous ses accessoires*, faite
par ce dernier, nous partageons l'opinion de MM. Faivre père et Dezaunay, et admettons
leurs conclusions ci-dessus et d'autre part.

Nantes, le 4 juillet 1860.   BRISSONNEAU frères,
Constructeurs-mécaniciens.

Partageant l'avis de MM. Faivre et Dezaunay, et de MM. Brissonneau frères, constructeurs
à Nantes, nous croyons pouvoir émettre notre opinion en admettant leurs conclusions.

Nantes, le 7 juillet 1860.
P. RENAUD et A. LOTZ,
Constructeurs-mécaniciens.

Je partage complètement les opinions que MM. Faivre père et A. Dezaunay ont émises sur
le marché du 4 août 1853, conclu entre M. Th. Powell et MM. Péan frères et Cᵉ.

Nantes, le 7 juillet 1860.
FRÉD. CHENEL.
Ingénieur-mécanicien.

Après avoir pris connaissance du marché passé entre M. Powell, mécanicien à Rouen,
et MM. Péan frères, négociants à Nantes, mon attention ayant été appellée sur ce point :
Par ce marché, M. Powell *doit-il une pompe à eau froide à MM. Péan ?* Je n'hésite pas à
déclarer que quand on vend *une machine complète avec tous ses accessoires*, la livraison
doit en être telle, qu'aucune addition pour sa bonne marche ne puisse être faite au compte
de l'acquéreur, sans avoir été stipulée sur le marché.

Je me verrais donc dans l'obligation, si j'avais contracté cet engagement avec MM. Péan
frères, de leur fournir, à mon compte, une pompe à eau froide, pompe nécessaire au bon
fonctionnement de cette machine.

Nantes, 6 juillet 1860.   A. SAILLARD,
Constructeur-Mécanicien.

Nantes, 3 juillet 1860.

Messieurs Péan frères, Nantes.

Pour répondre au désir que vous m'exprimez par votre demande, au sujet de savoir ce que j'entends par cette question : « *Lorsqu'une machine à vapeur est vendue montée et en bonne marche, et munie de tous ses accessoires.* »

Il est d'usage constant que quand une machine est vendue dans ces conditions, *tout ce qui lui est nécessaire doit être livré par le constructeur ;* que si, par la position de la machine, eu égard au niveau des eaux employées à son service, une pompe à eau est reconnue indispensable pour fournir l'eau nécessaire au condenseur de la machine, elle doit être fournie également par le constructeur, à moins de conventions spéciales entre les parties.

En un mot, il doit fournir tout, depuis les pièces principales jusqu'aux plus petits détails.

. . . .

Telle est, Messieurs, la manière dont j'ai toujours livré les divers travaux que j'ai faits, et ce qui, je le crois, doit être fait en pareille circonstance.

J'ai l'honneur de vous saluer,   Lotz fils aîné.

C'est donc avec raison que l'arbitre, dans son rapport, dit :

Attendu que MM. Péan frères ont acheté la machine de M. Powell, qui se trouvait à l'exposition, avec tous ses accessoires ; qu'il est reconnu par les parties que tous les organes non apparents de la machine n'existaient pas à l'exposition ;

Qu'en l'état, MM. Péan frères ont entendu acheter la machine complète dans son ensemble et comme elle leur apparaissait avec tous les accessoires indiqués ; que l'affirmation de MM. Péan frères, que la tige de la pompe à eau était à l'exposition, se trouve vérifiée par la lettre de M. Powell, du 7 mars 1856, dans laquelle il dit que cette tige n'y figurait que comme ornement.

. . . .

Par ces motifs, je suis d'avis que la pompe à eau fait partie de la machine.

MM. Péan frères réclamaient, avec la pompe, les 10 mètres de tuyaux obligés qui suivent la fourniture de toute pompe.

Le rapporteur ayant écarté leur demande, qu'ils croient encore parfaitement fondée, l'esprit de conciliation qui les a portés à accepter le rapport tel quel, fait qu'ils n'insistent pas, se réservant néanmoins, de la manière la plus expresse, tous droits à cet égard, dans le cas où le rapport de l'arbitre viendrait à ne pas être exécuté entre les parties

FRAIS DE MONTAGE.

M. Powell remit, le 11 juillet, à MM. Péan, un compte relatif à des journées de monteur, que ceux-ci repoussèrent, par leur lettre du 17, comme n'étant pas dû. Ces journées de monteur ne sont justifiées d'aucune manière; aucun contrôle n'a été exercé à leur égard, ni par M. Powell, ni par MM. Péan, qui n'étaient pas avertis qu'on leur présenterait une compte supplémentaire à ce sujet.

M. Powell devait la machine et la transmission montées; il cherche à s'exonérer de cet engagement, comme il voulait le faire pour les autres articles dont nous avons déjà passé l'examen, en distribuant le séjour de James à Nantes de manière à ce que la machine se trouve être montée presque sans le secours de son monteur.

M. Powell réclame :

4 jours 1 heure pour réparation d'un bras de volant.
5 — 1 — pour la pompe à eau.
5 — 2 — pour monter un pignon et un arbre.
18 — 2 — pour monter la transmission.
4 — 1 — autour des anciennes machines.
13 — 5 — du 19 juin au 3 juillet, sans désignation.

50 jours, à 10 fr., 500 fr.

Nous ne reviendrons pas ici sur la question du bras de volant remplacé, qui, quand bien même à la charge de MM. Péan, se trouvait dans les conditions du bras primitif que l'ouvrier aurait dû mettre en place.

Que ce soit l'ancien bras ou le nouveau bras, M. Powell ne le doit pas moins monté et ajusté.

La pompe à eau, faisant partie de la vente faite, était due montée comme le reste de la machine.

Les 4 journées passées autour de l'ancienne machine sont inconnues à MM. Péan.

Les 13 journées sans aucune désignation d'emploi, autre que la date du 19 juin au 3 juillet, leur sont également inconnues.

Il ne resterait donc qu'à examiner les 23 journées portées pour la transmission.

MM. Péan peuvent affirmer, avec la conviction la plus profonde, que l'ouvrier James n'a pas passé plus de 8 jours à monter cette transmission, pour laquelle on lui avait donné l'aide de plusieurs autres mécaniciens, pour activer le travail.

Avant d'examiner si le montage de cette transmission doit rester à leur charge, ou si, comme les autres parties de la machine, elle leur était due montée, il ne sera pas indifférent de faire remarquer combien de temps il serait resté à James, pour opérer le montage de la machine, si la répartition de l'emploi des journées, d'après M. Powell, était exacte.

James est arrivé à Nantes le 31 mars 1856; il en est reparti le 7 juillet, jour où il lui fut compté 200 francs pour son voyage : total, 98 jours, dans lesquels sont compris 16 dimanches et jours fériés, que l'on estimera à des demi-journées, soit 90 jours de travail, dont il y aurait à retrancher les 50 jours réclamés par M. Powell pour supplément, ce qui laisserait 40 jours pour le montage de la machine à vapeur, chaudière et accessoires.

Ces quarante jours sont-ils suffisants ?

Voyons, par comparaison, ce que James est resté à Nantes pour monter la première machine, en tout semblable à la seconde, mais qui avait en moins la chaudière, les accessoires, tels que pompes, escaliers, etc.

James est arrivé à Nantes, comme nous l'avons déjà vu au folio 9 de ce mémoire, fin décembre 1853; il en est parti fin mars 1854, suivant certificat de Mme Radigois.

Extrait des registres de l'hôtel Radigois, sis à Nantes, place Viarme.

Je soussigné veuve Radigois, hôtelier, demeurant à Nantes, place Viarme, déclare qu'il résulte de mes registres que le sieur William James, mécanicien, venu de Rouen, est descendu à mon hôtel le 28 décembre 1853, qu'il y a séjourné jusques et y compris la journée du 5 février 1854, qu'il s'est absenté à partir de ce jour jusqu'au 28 du même mois, et qu'il a continué à y séjourner jusqu'au 31 mars.

Son compte de pension a été réglé pour soixante et onze jours.

En foi de quoi j'ai signé le présent.

Nantes, le 3 juillet 1860.   Ve Radigois.

Les soixante et onze jours de séjour effectif à Nantes donnent soixante-cinq jours de travail.

Ainsi donc, il aurait passé soixante-cinq jours à monter une machine incomplète, et quarante jours lui auraient suffi pour mettre en marche une machine bien plus compliquée, munie de chaudière, etc., qui demandait un bon tiers de plus de travail ?

Cette seule comparaison ne suffit-elle pas, devant le manque de documents propres à établir le temps réellement passé par James, pour démontrer que la répartition des journées telle que l'établit M. Powell, est profondément inexacte ?

Mais, quel que soit le nombre de jours employés, M. Powell prétend qu'il ne doit pas la transmission montée.

Examinons la valeur de l'argument avancé par lui dans son mémoire.

Le seul et grand motif sur lequel il s'appuie, c'est que MM. Péan lui auraient payé les frais de montage de leur transmission en 1853. Donc il doit en être de même en 1856.

Nous avons déjà fait raison de cette étrange erreur de la part de M. Powell, qui n'a fourni aucune transmission en 1853.

Il a bien fourni et placé un pignon de commande et des engrenages intermédiaires avec boites à muraille, mais *pour lesquels il n'a porté en compte aucun frais de montage.*

L'usage est que toute transmission se vende en place ; mais qu'importe à M. Powell les usages et les antécédents ! Il entend, dit-il, s'appuyer sur le marché.

Le marché dit, en *premier lieu,* qu'il vend une machine et une chaudière montées à ses frais, et, en *second lieu,* une transmission au prix de 90 c. le kilog.

Evidemment cette seconde clause est le corollaire de la première, et a lieu dans les mêmes conditions, autrement il y aurait été dérogé. On ne comprendrait pas, qu'après s'être engagé à monter une partie de ses fournitures, M. Powell refusât de monter l'autre, sans qu'il y fût fait une *dérogation expresse.* En cas de doute, n'y a-t-il pas lieu d'appliquer les termes des art. 1160 et 1161 du *Code Napoléon* ?

Mais devant la prétention de M. Powell, MM. Péan ne pourraient-ils pas dire à leur tour :

« Vous nous avez vendu une machine montée et en place. Les frais de trans-
» port resteront à votre charge, parce qu'ils ne sont stipulés que dans la
» *seconde partie* de notre marché, qui a trait à la transmission et non à la
» machine elle-même ; par conséquent, nous avons entendu limiter *ces frais*
» *de transport à la transmission seule,* comme vous, de votre côté, vous en-
» tendez ne devoir *le montage que de la machine.* »

Ne serait-ce pas là raisonner comme le fait M. Powell?

Il y a ici un contrat fait de bonne foi par MM. Péan, et, conformément à l'art. 1156, il y a lieu de rechercher quelle a été la commune intention des parties.

Evidemment, c'était, de la part de M Powell, l'engagement sur lequel on était verbalement parfaitement d'accord, de livrer *machine et transmission toutes montées*, comme, de la part de MM. Péan, celui de payer le port de la machine aussi bien que celui de la transmission.

Veut-on connaître à ce sujet l'opinion d'un ingénieur que nous avons déjà cité :

J'ajouterai que s'il n'est pas dit dans le marché que le montage de la communication de mouvement doit être fait aux frais de M. Powell, cela ressort des faits ; car de la nature des travaux nécessaires pour le montage de la machine et de la communication de mouvement, arrivés en même temps à Nantes, il résulte qu'ils doivent être faits par le même homme, le monteur de M. Powell, et cela sans salaire puisqu'il n'en est point question dans le marché, et que le mode de règlement de ce travail eut été certainement indiqué dans le marché s'il eut dû en être autrement. Fréd. Chenel.

Et que penserait-on de MM. Péan, allant acheter à Rouen une transmission au prix de 90 fr., pour laquelle ils auraient à payer 5 fr. de transport et des frais de montage, lorsqu'ils auraient pu se la procurer à 1 fr., et sans doute à quelque chose de moins, toute en marche à Nantes!

On veut bien nous communiquer quelques devis de transmissions montées à Nantes, faits dans des conditions encore bien meilleures pour les acheteurs. Nous citons les suivants :

Devis *fourni à MM. Duval, Heurthaux et Cᵉ, par MM. Renaud et Lotz, le 5 février 1859, pour leur filature de coton.*

Roues, pignons, arbres, chaises, paliers, manchons, etc., environ 9,738 kilog., a 80 fr. les 100 kilogrammes, soit 7,790 fr. 40, LE TOUT MIS EN PLACE.

Certifié conforme et véritable :

P. Renaud et A. Lotz.

Nantes, le 5 juillet 1859.

Entre les soussignés MM. Duval Heurthaux et Cᵉ, d'une part, et M. ****, d'autre part, a été convenu et arrêté ce qui suit :

M. **** confectionne, pour le compte de MM. Duval Heurthaux et C°, une transmission, au prix de *soixante-dix-huit francs les cent kilog.* **en place** ; il prend la responsabilité de sa bonne confection, et **en fera le montage** d'une façon qui ne laissera rien à désirer. Les matières employées seront toutes de bonnes qualités. La garantie est fixée à une année ; à cette époque, M. **** devra vérifier cette transmission et la niveler si besoin est.....

Il est entendu que la maçonne et le bois nécessaires à l'installation de cette transmission sont au compte de MM. Duval Heurthaux et C°, *le travail et la mise en place du bois à la charge de M. ****.*

Fait double et de bonne foi.   ****, Duval Heurthaux et C°.

MM. Péan repoussent donc la prétention de M. Powell, parce que les journées qu'il réclame en dehors de la transmission ne sont pas justifiées.

Qu'en ce qui touche la transmission, elle leur était due en place, de la même manière qu'en 1853, on leur avait placé le système d'intermédiaire.

Le rapport de l'arbitre sur ce chef ne saurait donc être mieux fondé :

Attendu que le marché porte comme condition, que M. Powell enverra à Nantes un ouvrier monteur, à ses frais, pour monter la machine et la mettre en bon état de marche ;

Attendu que cette condition de vente en place et en bonne marche doit, à moins de conventions contraires et clairement exprimées, s'appliquer également à la suite du marché relatif à la transmission de mouvement; que cette interprétation est d'ailleurs d'accord avec l'usage général chez les constructeurs de machine qui, pour les transmissions vendues au poids, entendent toujours les livrer en place et fonctionnant ;

Qu'en effet, ces travaux, par leur nature, ne peuvent être acceptables qu'après avoir, par l'épreuve, justifié de leur bonne exécution et qu'ils remplissent les conditons du marché ;

Par ces motifs, je suis d'avis que les journées de James, ouvrier monteur, soient comprises sur le prix de vente des transmissions de mouvement.

FOURNITURE DE TUYAUX DE CUIVRE.

M. Powell n'ayant expédié de Rouen que des tuyaux insuffisants, pour mettre la chaudière en communication avec les cylindres, ces tuyaux furent commandés par James (sans doute suivant les instructions de son patron), chez M. Desdoit, à Nantes.

M. Powell ne peut justifier, ni par lettre de voiture, ni par lettre d'avis, l'envoi d'autres tuyaux *qu'un bout de tuyau coudé, en fonte,* placé immédiatement sur la chaudière.

Quant à la continuation de ce tuyau de vapeur, quant au coude pour entrer dans le cylindre, au tuyau d'alimentation, de purge, etc., tout a été fourni par M. Desdoit, ainsi qu'il résulte de son compte du 13 octobre 1856.

C'est donc à tort que M. Powell prétend avoir fourni complétement ces objets : sa mémoire dans ce cas, comme dans les précédents, lui fait encore défaut.

Dans son mémoire, M. Powell avance que la réclamation de MM. Péan porte seulement sur une plus grande longueur de tuyaux, qu'ils auraient dû employer, par suite de ce qu'ils ont placé leur chaudière à une distance plus éloignée de la machine (deux mètres) qu'il n'avait été convenu ; et que le prix de la machine et des accessoires avaient été calculés sur des plans fournis par M. Powell et acceptés par MM. Péan.

Expliquons-nous :

Généralement toute machine d'une certaine importance est pourvue de deux chaudières. A-t-il été dit dans le marché du 4 août 1855, quelle place serait assignée à leur chaudière? N'est-ce pas laissé entièrement à la convenance de MM. Péan? Et, puisque M. Powell a rappelé si souvent la première machine, dans le cours de ces débats, ne pourrait-on pas la prendre pour point de comparaison? car la chaudière s'y trouve justement placée dans la même position que celle donnée à la chaudière de la nouvelle machine.

Toute liberté était donc laissée à MM. Péan, à ce sujet, par le marché.

Mais à quelle époque M. Powell a-t-il fourni le plan de la chaudière?

Ce plan porte la date du 4 mars 1856.

On doit donc déduire de ces deux dates, du 4 août 1855 et du 4 mars 1856, que lors de la signature du marché, il n'y avait aucun calcul de fait par M. Powell sur l'emplacement que devait occuper la chaudière, parce que ce n'est que sept mois après qu'il remit un plan à ce sujet.

C'était donc entièrement à la charge de M. Powell que M. le rapporteur devait mettre les frais de ces tuyaux, et il l'aurait fait certainement, s'il avait pu s'assurer, comme nous le démontrons aujourd'hui, que *l'envoi des plans de la chaudière a suivi de sept mois le marché;* qu'il n'y avait eu aucun engagement pris par MM. Péan sur l'emplacement que devait occuper la chaudière, et que du reste, en tous cas, *les tuyaux* envoyés par M. Powell *étaient insuffisants, même pour exécuter son plan.*

FRAIS D'EMBALLAGE.

M. Powell, sur les comptes remis par lui, fait figurer au débit de MM. Péan une somme totale de 242 fr. pour frais d'emballage de la machine et de la transmission.

Nous croyons avoir jusqu'ici suffisamment démontré que M. Powell était tenu de livrer la machine, ses accessoires et la transmission qui en est le complément, posés et en bonne marche; qu'il devait en faire l'expédition à Nantes, là où la livraison devait en avoir lieu.

MM. Péan n'avaient pris à leur charge que les seuls frais de transport et pas autre chose.

Il était donc du devoir de M. Powell de mettre les différentes pièces de sa machine en état de pouvoir être transportées.

Quant à dire que MM. Péan eussent pris à leur charge les risques de cette expédition, il n'en est pas mention dans le marché ; on ne peut insérer dans le contrat une clause qui n'y existe pas. MM. Péan ne pouvaient prendre à leur risque un objet qui ne leur appartenait pas, qui ne leur était pas livré, qui pouvait même ne pas remplir les conditions du marché, et par conséquent être refusé.

Du reste, il n'y a pas lieu de faire intervenir ici cette responsabilité des risques de transport. Le chemin de fer était responsable des accidents de route, et il était du devoir de MM. Péan, qui payaient le transport, de prendre contre lui toutes mesures conservatrices sous peine de responsabilité envers M. Powell. Mais ce n'est pas ici le cas.

MM. Péan doivent des frais de transport, cela est évident ; mais encore faut-il que M. Powell livre ses envois en état d'être transportés.

M. Powell, qui dans son mémoire, se complaît tant à établir des comparaisons avec la première machine livrée par lui, aurait pu, en ouvrant ses livres, se rendre facilement compte qu'il ne lui a pas été payé de frais d'emballage.

MM. Péan frères n'en doivent pas davantage aujourd'hui.

FOURNITURES DE FORGE.

Dans le montage d'une machine, il y a toujours quelques travaux complémentaires à faire sur place. On ne peut ajuster à l'avance des pièces que l'on doit démonter pour le transport.

MM. Péan ont fourni à l'ouvrier de M. Powell des boulons, des clavettes, des goujons, vis, etc. ; ils ont fait allonger ou diminuer différentes pièces, le tout pour une somme de **188 fr.** qu'ils réclament avec juste raison, puisque la machine leur est due montée.

A cette demande, M. Powell objecte que si MM. Péan ont fourni des clavettes ou des boulons, c'est que ceux expédiés de Rouen *se seront perdus en route*, et que c'est à eux de les remplacer.

Or, pour qu'un objet se perde, il faut qu'il ait été expédié, et nulle part on ne s'aperçoit que ces objets aient été adressés à MM. Péan.

Nous ne voyons pas que M. Powell se soit plaint dans sa correspondance, que ces objets aient été perdus pendant le transport. Ce système nouveau, comme bien d'autres, n'a été formulé que depuis.

MM. Péan lui écrivaient le **26 mars 1856** :

Nous avons reçu un grand nombre de pièces venues sans avis de votre part, ni sans note d'envoi, de sorte que *nous ignorons s'il ne manque rien*. Nous ne trouvons pas de sommier pour les grilles du fourneau, *non plus que les boulons pour la plaque du fourneau*. Nous avons fourni deux de ces derniers pesant 12 kil. 5, afin de ne pas arrêter la construction. Nous ne trouvons nulle part le piston du condenseur.

MM. Péan réclamaient plus tard les clavettes du volant.
Par sa lettre du **23 avril 1856**, M. Powell répondait :

Si les clavettes du volant ne sont pas chez vous, elles sont égarées ; M. James *aura à en faire faire d'autres*.

Y a-t-il dans cette réponse un motif qui puisse faire supposer que la perte de ces objets doive être à la charge de MM. Péan.

Mais où se sont-elles égarées ? à Rouen ? à Paris, pendant le démontage de l'exposition ? Auraient-elles été, par erreur, expédiées à Angers comme le robinet de vapeur ? car nous voyons par la même lettre :

Le robinet de vapeur a été expédié par erreur à Angers, on vous le réexpédiera d'Angers.

A moins que M. Powell ne prouve l'expédition de ces pièces et leur perte par le chemin de fer, pour lequel cas MM. Péan seraient fautifs de ne pas avoir pris leurs mesures pour s'en faire rembourser, le coût de ces objets doit rester à sa charge.

Serait-ce aussi le chemin de fer qui aurait gardé les boulons du fourneau, raccourci les boulons de fondation, qu'il a fallu allonger ; qui aurait consenti à opérer l'allongement de la tige du régulateur, qui aurait rogné les tourillons de la chape du tiroir, etc., et fait maints autres ouvrages de forge ?

Le rapporteur, avec l'esprit de transaction qui anime tout son travail, a réduit la demande de MM. Péan à 154 fr. 66. Nous n'opposerions de résistance à cette réduction que pour le cas où ses conclusions finales ne seraient pas adoptées.

RÉSUMÉ.

Par les renseignements qui précèdent, MM. Péan croient avoir présenté les faits sous leur véritable jour ; ils ont retranché du débat vrai les allusions constantes que fait M. Powell *à un traité qui n'a jamais existé,* celui de la première machine, ou *à des fournitures qu'il n'a pas faites,* celles de la transmission de cette première machine.

Ils ont, au contraire, établi la similitude qui devait exister entre l'exécution des conventions de 1853 et celles de 1855, savoir :

Les machines livrées toutes les deux à Nantes ;

L'époque de livraison fixée, dans les deux cas, après la mise en marche des machines ;

Les frais de montage de la transmission de 1856 à la charge du constructeur, de même qu'il avait effectué la pose des intermédiaires en 1853 ;

Les frais d'emballage, la seconde fois, comme pour la première, à la charge de M. Powell.

Ils ont démontré que M. Powell devait être seul responsable du fait de s'être confié à Lambert pour le transport, au lieu de s'être adressé directement au chemin de fer.

S'appuyant sur les déclarations émanées d'honorables ingénieurs et constructeurs de notre cité, personnes éminemment compétentes, ils ont fait voir d'une manière précise :

Que la tige de pompe à eau qui existait à l'exposition obligeait M. Powell à la livraison de cette pompe;

Que les fentes du bras de volant ne pouvaient avoir d'autre cause qu'une fabrication défectueuse. Leurs renseignements, au sujet des tuyaux de cuivre et des fournitures de forge, démontrent également que ces frais doivent être à la charge du constructeur, qui s'était obligé à leur livrer une machine complète, montée et en bonne marche.

Dans un intérêt de paix et de conciliation, MM. Péan avaient accepté un arbitrage amiable d'abord proposé, puis repoussé par M. Powell.

Le même esprit les a guidés, en acceptant le travail de l'arbitre, dans son ensemble, malgré ce qu'il peut avoir de défavorable à leur égard, se réservant néanmoins tous leurs droits pour le cas où ce travail viendrait à subir des modifications contraires à leurs intérêts.

MM. Péan espèrent donc :

Que le Tribunal, dégageant le débat de tout ce qui y est étranger,

Reconnaissant, comme l'a fait le Tribunal de Commerce de la Seine, le fait de la livraison de la machine à Nantes,

Confirmera purement et simplement le rapport de l'arbitre.

En conséquence,

Ils persistent dans les conclusions qu'ils ont prises, par leur assignation du 3 février 1860.

PÉAN Frères et Cᵉ.

Nantes, imp. W. BUSSEUIL.

www.ingramcontent.com/pod-product-compliance
Ingram Content Group UK Ltd.
Pitfield, Milton Keynes, MK11 3LW, UK
UKHW021000220726
13924UKWH00002B/799

6,825